काल मृग की पीठ पर

काल मृग की पीठ पर

जितेन्द्र श्रीवास्तव

वाणी प्रकाशन

प्रकाशन के उत्कृष्टतम 61 वर्ष

vaniprakashan.com

सजिल्द प्रथम संस्करण : 2024

वाणी प्रकाशन

4695, 21-ए, दरियागंज, नयी दिल्ली-110 002

फ़ोन : +91 11 23273167, 23275710

शाखाएँ

अशोक राजपथ, पटना-800 004, बिहार

कॉफ़ी हाउस कैम्पस, महात्मा गांधी मार्ग, प्रयागराज-211 001, उत्तर प्रदेश

महात्मा गांधी अन्तरराष्ट्रीय हिन्दी विश्वविद्यालय, वर्धा-442 001, महाराष्ट्र

36/ए, शेक्सपियर सरणी, रानी बिरला गर्ल्स कॉलेज के पास, कोलकाता-700 017, प. बंगाल

sales@vaniprakashan.in
vaniprakashan@gmail.com

Kal Mrig Ki Peeth Par

by Jitendra Shrivastav

ISBN : 978-93-5775-326-5
Poetry Collection

मूल्य : ₹ 295

आर.टेक ऑफ़सेट प्रिंटर्स, दिल्ली-110 032 में मुद्रित

वाणी प्रकाशन का लोगो मक़बूल फ़िदा हुसेन की कूची से

माँ और बाबू जी की स्मृति को

अनुक्रम

अथ कोरोना कथा : कोई सीधी रेखा नहीं है जीवन...

पुतलियाँ पृथ्वी का सबसे पुराना एलबम हैं

जो दाग है
वह हमेशा दाग रहेगा
यह सोचना
ईश्वर बनने की कोशिश करना है

आज जो रंग है
वह किसी क्षण किसी दिन बदल सकता है दाग में

आदमी की तरह
समय भी बदलता है करवट
उसके एक करवट रंग है एक करवट दाग
वह सबसे बड़ा जादूगर है सृष्टि का
उसके पास सबके लिए सुरक्षित है चुटकी भर रंग चुटकी भर दाग
वह पलक झपकते रंग को दाग में
और दाग को रंग में बदल देता है

सुनो! पुतलियाँ पृथ्वी का सबसे पुराना एलबम हैं
कभी किसी बुज़ुर्ग की आँखों में झाँककर देखना
वहाँ कई तस्वीरें होंगी
रंग के दाग में
और दाग के रंग में बदलने की

भूलना मत, याद रखना बेटियो!!
समय की तरह जीवन भी
सिर्फ़ एक करवट नहीं सोता।

कुछ तरतीब कुछ बेतरतीब

मेट्रो में किनारे की सीट पर टेक लेकर बैठा वह आदमी
निहार रहा है दूसरी तरफ़ टेक लेकर बैठे
उस आदमी को
जिसकी गोद में रखा है ताजे फूलों का गुलदस्ता

निहारने वाले के ठीक बग़ल में बैठा मैं
निहार रहा हूँ बारी-बारी दोनों को

दोनों क्या सोच रहे होंगे
एक दूसरे के बारे में
इसका सिर्फ़ अनुमान लगाया जा सकता है

पहला सोच रहा है शायद
कि वह फूलों के साथ मिलने जा रहा है किसी ऐसे से
जिससे कोई न कोई काम निकलवाना है उसे
जबकि ठीक उन्हीं पलों में
दूसरा सोच रहा है पहले के बारे में
कि सम्भवत: वह उसे समझ रहा है विशेष
सोच रहा है कि कुछ अच्छा घटित हुआ है
उसके जीवन में
किसी ने उपहार में दिया है उसे गुलदस्ता
और वह कल्पना कर रहा है अपने जीवन में
कुछ उसी तरह के विशेष घटित होने की

पहला फिर सोच रहा है
कि आदमी को क्या-क्या करना पड़ता है
जिसे मन न करे कभी देखने का
उसे देना पड़ता है गुलदस्ता
उसके साथ मुस्कुराकर खिंचानी पड़ती है फ़ोटो
भूलकर भी कोई बात नहीं करनी होती है उसकी क्रूरता की
कभी-कभी तो उसकी क्रूरता को बताना पड़ता है
मनुष्यता की रक्षा की कड़वी औषधि

यह महत्वाकांक्षा भी जालिम शै है
आदमी को नहीं रहने देती भीतर से आदमी-सा

यदि ऐसा न होता
तो यह चमाचम चमक रहा आदमी
मन में अँधेरा लिए क्यों झुकने जाता किसी की चौखट पर
यदि जाना ही पड़ता कभी उधर
तो जाता थूकने
या कहता मुहावरे में-
मैं तो उधर पेशाब करने भी नहीं जाता

दूसरा फिर सोच रहा है पहले के बारे में
वह भीतर ही भीतर द्रवित हो रहा है उसके लिए
आख़िर कल वह भी तो उसी की तरह
निहार रहा था उस व्यक्ति को जिसके हाथ में
बंगाली मार्केट की मिठाई का एक बड़ा-सा डिब्बा था
जिसे वह बार-बार सँभाल रहा था
और सोच रहा था कुछ तरतीब कुछ बेतरतीब

मेरे भी मन में उठा है एक विचार
उसके हाथों में गुलदस्ता देखकर
कि शायद आज लौट रही हो उसकी पत्नी

कदाचित् एक दीर्घ अन्तराल के बाद
दूसरे शहर की अपनी नौकरी से
और वह जा रहा हो उसे लेने स्टेशन
कि जिसने उसकी ज़िन्दगी को भर दिया ख़ुशबुओं से
आज वह उसका स्वागत करे फूलों से

इधर अचानक दोनों की निगाहें मिल गयी हैं
और एक दूसरे को देखकर
कुछ झेंपते हुए मुस्कुरा उठे हैं वे
मेट्रो का अगला स्टेशन आ गया है
पहला अभी बैठा है झेंपा हुआ-सा
दूसरा गुलदस्ता सँभाले बढ़ गया है गेट की तरफ़।

नये सुख के पास जादुई धूल होती है विस्मृति की

नये सुख में होती है मादकता
अफ़ीम से ज़्यादा

नया सुख आता है
और मनुष्य बहुत कुछ भूल जाता है
कई बार तो उसे बिल्कुल याद नहीं रह जाता
ठीक पीछे का कोई ऐसा पल
जिसकी प्रतीक्षा की होती है कभी उसने

नये सुख के पास जादुई धूल होती है विस्मृति की
जिसे वह पलक झपकते डाल देता है
मन, मष्तिष्क और पुतलियों पर
पूरे कौशल से।

जब कभी जाऊँगा पृथ्वी से

सोचता हूँ
जब कभी जाऊँगा पृथ्वी से
क्या ले जाऊँगा अपने साथ

सफलताएँ छूट जायेंगी यहीं
देह के मैल की तरह

यदि उन्हें मान लें इत्र
तो भी वे नहीं जायेंगी मेरे साथ

जिस क्षण मैं निकलूँगा धरा-धाम से
वे बिना पदचाप समा जायेंगी किसी और की रुमाल में

इन दिनों पद और पद से जुड़ी प्रतिष्ठा पर कोई भी चर्चा
मन बहलाने का बहाना भर है
अक्सर देखा गया है
जिस दिन जाता है पद
उसी दिन उसकी परछाईं की तरह चली जाती है प्रतिष्ठा

जो इसे अपना माने बैठे रहते हैं मुगालते में
वे अपने परिवार पर कहर की तरह गिरते हैं
हालाँकि अपवाद भी होते ही हैं हर नियम के

कुछ ऐसे भी हुए ही हैं
जिनकी प्रतिष्ठा नहीं गयी पद के साथ

तो जिस दिन निकलूँगा न लौटकर आने के लिए
क्या लेकर जाऊँगा अपने साथ!

छूट जायेगी यहीं
काया की माया
जिनके लिए जिया जीवन का बारह आना
वे भी रोक नहीं पायेंगे जाने से
और चले जाने के बाद धीरे-धीरे
धूल जम जायेगी
उनकी स्मृतियों पर
शून्य में रचे-बसे मेरे ठहाकों पर
यदा-कदा होंठों पर आई तिर्यक मुस्कान पर
जिसे कभी-कभी वे लोग
पुस्तकालय के कर्मचारियों की तरह झाड़ते रहेंगे
कोशिश करेंगे अपनी बातचीत में लौटाने की मुझे

पर लोगों के बहे आँसू
सूख जायेंगे धीरे-धीरे
जैसे सूख गयीं वे नदियाँ
जिनके सूखने का स्वप्न
कोई स्वप्न में भी नहीं देखता था

लोग कहते हैं
सब कुछ समा जाता है काल के गाल में
पर इसके साथ यह भी सत्य है
कि काल की हर कोशिश के बाद भी
बचा रह जाता है जीवन पृथ्वी पर

लेकिन जब जाना ही पड़ेगा
तो क्या लेकर जाऊँगा साथ?

सिर्फ़ प्रेम लेकर तो जा नहीं सकता
उस पर पड़ा रहता है एक झीना सा आवरण
वह घृणा की तरह पारदर्शी नहीं होता हर क्षण

और इस जीवन का प्राप्तव्य नहीं है सिर्फ़ प्रेम
यदि वे लोग नहीं होते
जिन्होंने की मुझसे अपनी आत्मा के आयतन भर घृणा
तो मैं कैसे समझ पाता प्रेम का घनत्व!

इसलिए यदि विकल्प मिला
तो साथ ले जाऊँगा मिले हुए घृणा के सरोवर को
जिससे मुझे हर पल याद रहे उनका प्रेम
जिन्होंने मुझे इस सरोवर में नहाने से बचाया

मैं ऋणी हूँ
मुट्ठी भर लोगों की उस घृणा का
जिसने मुझे मेरे होने का बोध कराया
जिनके होने ने मुझे एक ऐसा मनुष्य बनाया
जिसके प्राणों में चमक है पके धान सी
जिसकी पुतलियों में हँसी है गेहूँ के बालियों की

इसलिए यदि मिला विकल्प
कुछ और लेकर जाने का
तो लेकर जाना चाहूँगा
पसीने से नहाए किसी किसान की हँसी
मन की आँख के ताखे पर रखकर।

आज मिलेंगे

तुम मिलोगे तो कहाँ से शुरू होगी हमारी बातचीत?

सूरजकुण्ड सिटी हॉल्ट की हलचल भरी शामों से
या किसी उदास दोपहरी से
जब 32/3 बहस कार्यालय में हम बिना दूध की चाय पीते हुए
क्रान्तियों के धवल-धूसर पक्षों पर बात करते हुए नहीं पहुँच पाते थे किसी नतीज़े पर और दिल डूब जाता था जब थोड़ा और हमारा
उस स्मृति से

वर्षों बीत गये
अब मैं शराब नहीं पीता
वह चढ़ती ही नहीं मेरी चेतना पर
कभी मदिर ही नहीं हुए मेरे नयन
मेरी जिह्वा कभी आई ही नहीं नशे में
लेकिन तुम्हारे साथ पीऊँगा भोर होने तक जल की तरह नहीं बिल्कुल शराब की तरह शायद पहली बार नशे को हो जाये मुझसे दोस्ती
शायद वही सेतु बन जाये हम दोनों के बीच

वैसे पता नहीं अब तुम पीते हो या नहीं
जाने कैसा रहता है तुम्हारा स्वास्थ्य
शहर में बचे पुराने मित्रों से कभी मिलते हो या नहीं
कहीं फिर कोई ग़लतफ़हमी न हो जाये इसलिए रहना चाहता हूँ चौकन्ना

जानता हूँ तुमने अपने ऊपर हावी न होने दिया होगा उम्र को
फिर भी वह पुतलियों से झाँकती तो होगी गाहे-बगाहे
आईना दोस्त नहीं होता हरदम
कई बार तो विकल कर देता है मन-मस्तिष्क को किसी शत्रु की तरह
कई बार व्याधियों की जड़ भी बन जाता है आईना

जब भी याद करता हूँ अपना अतीत
एक भींड़ सी दिखती है पर चेहरे साफ़ नहीं दिखते
अधिकतर के चेहरों पर धुन्ध सी दिखती है
बहुत थोड़े से चेहरे दिखते हैं साफ़-साफ़
उनमें सबसे आगे चमकती हैं तुम्हारी आँखें

उन दिनों कहाँ पता था एक दिन ऐसा भी आयेगा जब हम मिलने की आतुरता
के बाद भी मिल न सकेंगे
या यह आतुरता भी रह जायेगी एकतरफ़ा

उम्मीद है अब भी वही चमक होगी तुम्हारी आँखों में
बातों में वही गंभीर दार्शनिक भाव
कहीं किसी प्रकार का कोई हल्कापन नहीं होगा
अब भी कोई नयी किताब ज़रूर होगी तुम्हारे हाथों में
किसी नाटक का कोई सपना पुतलियों की कोर में अटका होगा

तो चले आओ मन की सूख चुकी कई नदियों को लाँघते
आज चले ही आओ

हम देर तक बैठेंगे रेलवे लाइन के किनारे के किसी उजाड़ छप्पर के बाहर
याद करेंगे कट चाय और नेवी कट वाले दिनों को
एक दूसरे के प्रौढ़ हो चुके चेहरों में ढूंढेंगे अतीत की कोई आभा

तो आओ, आज मिलेंगे।

ज़िन्दा होने का सबूत

थोड़ा उदास हूँ
कुछ अपने लिए
कुछ तुम्हारे लिए
कुछ दोस्तों के लिए
कुछ जमाने के लिए

यह कहना कि मैं सिर्फ़ जमाने के लिए
दुखी और उदास हूँ
एक धोखे के सिवा कुछ भी नहीं है

यह कहते
उत्तर गाँधी तो कोई बात होती
लेकिन इन दिनों जब कहते हैं बहुत से लोग यही बात
तो काँटा-सा चुभता है कहीं
और बहने लगता है रक्त तेज और तेज और तेज
धमनियों की ताकत को पछाड़ते हुए

साधो!
रक्त वही नहीं है जो बहा दिया जाता है सड़कों पर
रक्त वह भी है
जो आँख से टपक पड़ता है
और सबूत दे जाता है ज़िन्दा होने का।

सपनों को नींद

बगुले की तरह उज्जर दिन
निकल आया है आखेट में
उसने पहला प्रहार किया है मेरे मन पर
अव्यवस्थित सा हो गया है आत्मा का ध्यान गृह
देखता हूँ चारों ओर
प्रिय तुम कहाँ हो?

सच है
मन की बेचैनी पहचानती हैं पुतलियाँ
लेकिन पुतलियों का सूनापन कौन पहचानेगा
इस हाहाकारी समय में आत्मा के सहचर के सिवा

देखो,जहाँ भी हो लौट आओ साँझ से पहले-पहले
भूल जाओ पूर्णता
वह सनातन भ्रम है दर्शक दीर्घा का

कभी पूरी नहीं होती कोई भी यात्रा
अधूरेपन में ही जीवित रहते हैं स्वप्न
इसलिए हे प्रिय, हे आत्म सखी
लौट आओ इस उज्जर दिन के रात में विलीन होने से पहले-पहले

सुनो, विलम्ब न करना
सम्भव है राह तकते-तकते नींद आ जाये सपनों को
फिर कैसे जगाऊँगा उन्हें!

दुःख हमेशा कोई और नहीं रचता

अक्सर, आपके धूसर दिनों में
वे लोग चले आते हैं मिलने किसी पुरानी स्मृति के सहारे
जिन्हें आप भुला चुके होते हैं
या जिन्हें दिया होता है न के बराबर महत्व

बस वे लोग नहीं आते न उनके फ़ोन ही न कोई मैसेज
जो आपके चमकते दिनों में आपकी साँस होने का भ्रम देते थे

जिस समय आप उन्हें याद कर रहे होते हैं
उस समय वे व्यस्त होते हैं
किसी और की साँस बनने के उद्यम में

दुःख हमेशा कोई और नहीं रचता
अक्सर अपने दुःखों के सर्जक हम ख़ुद होते हैं।

बिन दीवानों के यह दुनिया

उन दिनों के बारे में सोचिए
जब किसी के पास किसी और के लिए
नहीं होंगे फुर्सत के क्षण

जब परिवार होगा
लेकिन नहीं होंगी गहरी संलग्नताएँ

कुछ ज़रूरतें होंगी
जिन्हें पूरी कर लेंगे लोग

लोभ का एक नितान्त अपरिचित चेहरा
मुस्कान का एक अकल्पित रूप
सामने आयेगा उन दिनों

हाथ मिलाना और गले लगना
वैसे भी बन्द हो चुका है कोविड समय में

कोई आश्चर्य नहीं
कि यह बदल जाये आचरण में
हमेशा के लिए

उन दिनों भाषा में लगाव कम
संकेत अधिक होंगे

तब व्यर्थ होगी
व्यंजना पर कोई भी बातचीत

संकेत बताते हैं
धीरे-धीरे मनुष्य बदल जायेगा
साँस लेते रोबोट में

सोचता हूँ
तब क्या बिल्कुल पैदा नहीं होंगे दीवाने
दुनिया को बदलने की हसरत लिए हुए

मेरा मन कहता है मुझसे
पैदा होंगे दीवाने
ज़रूर पैदा होंगे

वे होते हैं
तो ऑक्सीजन बढ़ जाता है वायुमण्डल में

कुछ हद तक ही सही
पर बदल जाता है
लोगों के सोचने-समझने और कहने का शिल्प

साधो!
बिन दीवानों के यह दुनिया
बिन पानी का सागर हो जायेगी।

देखना चाहता हूँ फिर भी

मृत्यु को तो आना ही होता है पिता जी
आख़िर कौन नहीं मरता इस संसार में!

आप अकेले ऐसे व्यक्ति नहीं थे
जो पिता हो
और हुई हो जिसकी मृत्यु

लेकिन इस पृथ्वी पर
करोड़ों पिताओं की भीड़ में आपका होना
आपके इस पुत्र के लिए कितना मानीखेज था
इसे कोई और नहीं समझ सकता
आपके इस पुत्र के सिवाय

आज जबकि आप नहीं हैं
सब कुछ पहले जैसा ही है
कोई फ़र्क़ नहीं आया है गोर्रा नदी में
सरयू बरहज में वैसे ही बह रही है
जैसे बह रही थी आपके अन्तिम संस्कार से ठीक पहले

क्षिप्रा ज़रूर सूख गयी है उज्जैन में धीरे-धीरे
वेतवा में वेग नहीं रहा पहले जैसा
वह कुछ-कुछ मटमैली हो चली है अब

आपका गाँव भी खड़ा है अपनी जगह पर
धीरे-धीरे अपनों के आँसू सूख चुके हैं
उनका मन व्यस्त हो चला है
और...और बातों में

पर आज आपका यह पुत्र
अपनी शाम के इस अकेलेपन में
पहली बार पिता होने से ठीक पूर्व
उन स्वप्नों में खोना चाहता है
जिन्हें संजोया था आपने
अपने इस पुत्र के लिए

मैं जानता हूँ
ऐसे सपनों में नहीं होती है दुनियादारी
जो देखे जाते हैं
अनजाने अचीन्हे लोगों के सुख के लिए
पृथ्वी की सुन्दरता और कुशलता के लिए
नदियों और समुद्रों के बने और बचे रहने के लिए
मैं देखना चाहता हूँ फिर भी

मेरे शरीर में रक्त की तरह प्रवाहित हो रहे
हे मेरे पिता!
मैं चाहता हूँ
आपके ये स्वप्न बिना वस्त्र बदले
समा जायें मेरी पुतलियों में।

घर का राग घर का मौसम

यह बालकनी थी कभी
लोग कुर्सियाँ डालकर धूप सेंकते थे यहाँ

मैंने इसे बना लिया है अपना अध्ययन कक्ष
अब यहाँ उष्मा है किताबों की
एकान्त है उनका
उजास है इबारत की
खनक है हँसी की
उपस्थिति है बेटियों की

धूप अब भी आती है खिड़कियों से छनकर
गौरैया भी चहचहाती है
जंगले से लगी नीम की डाल पर

घर के आस पास जिधर देखिए
हरियाली में धूप का नृत्य
और धूप में हरियाली का संगीत है

बहुत दिन हुए एक बार कहा था
पिताजी ने किसी प्रसंग में समझाते हुए
बेटा, सिर्फ़ मनुष्य नहीं
घर भी गुनगुनाते हैं अपना राग
उनका भी होता है अपना संगीत

इधर एक दिन ख़ूब तन्मय होकर पेंटिग करते हुए
मेरी बड़ी बेटी ने
यूँ ही मेरी ओर देखकर धीरे से कहा-
जानते हैं पापा, लोग बदलते हैं
तो घर का मौसम भी बदल जाता है!

ज़िन्दगी

बालकनी में बैठे-बैठे
वह निहारता है गुलमोहर के ललछौंह फूलों को
और सोचता है ज़िन्दगी के बारे में

क्या ज़िन्दगी हमेशा रह सकती है
गुलमोहर के कमनीय ललछौंह फूलों जैसी
या कभी-कभी उससे अलग
बिल्कुल अलग भी होना चाहिए उसे

ज़िन्दगी कोई गिलास तो है नहीं
जिससे पानी पिये जाओ पिये जाओ
कोई फ़र्क़ नहीं पड़ेगा
उस गिलास से तय नहीं हो सकता पानी का स्वाद
हाँ गिलास बदलने से
कुछ पल के लिए बदल सकता है आकर्षण पानी का

लेकिन कोई बता सकता है क्या
ज़िन्दगी का स्वाद
है क्या कोई ऐसा विरला
सक्षम के सम्पूर्ण अर्थ में सक्षम

क्षण-क्षण बदलती है ज़िन्दगी
क्षण-क्षण बदलता है स्वाद

गौर से देखिए गुलमोहर के उस फूल को
पिछले क्षण वह बिल्कुल ऐसा ही नहीं था

ना-ना
कैमरे पर भरोसा मत कीजिए
उससे अधिक धोखादेह विभ्रमों का सर्जक
कोई और नहीं मनुष्य की सृष्टि में

गुलमोहर के फूलों में
आ रहे लेकिन न दिख रहे परिवर्तन को
देखने के लिए ढूँढ़नी होगी तीसरी आँख
जो मिलती है अनुभव के कछारों में

खैर छोड़िए इस बात को
सोचिए इस बारे में
कि क्या उस आदमी को जो सोच रहा है
गुलमोहर के फूलों और ज़िन्दगी के बारे में
ठीक-ठीक कोई उत्तर दिया जा सकता है।

वह आदमी अब भी निहार रहा है
एकटक निर्निमेष गुलमोहर के फूलों को
इस समय उसके होंठों पर
मुस्कान की धूप है हल्की सी
नीम की नयी-नयी पत्तियाँ अभी भीगी-भीगी सी हैं
सुबह की बारिश अभी शेष है उनकी त्वचा में

उस आदमी के ठीक बगल में आकर खड़ी उसकी पत्नी
धीरे-धीरे उँगलियाँ फेर रही है उसके बालों में
चाय अभी बाकी है प्याली में

मेरे पास
इस अन्तिम दृश्य के सिवा
कोई और उत्तर नहीं है।

घुटन

खुले खंजर सी ख़ामोशी
अब इस अकेले कमरे में
और है अकेलेपन का अशान्त नश्तर

अब इक गहरी उदासी है बस यहाँ
महज उदासी बहुत गहरी
पतझर के पत्तों सी चुरमुर-चुरमुर करती
खुजली सी हो रही है मन की त्वचा पर

बस उदासी है दोस्त
बिना पतवार की नाव हुए समय की
घुटन है ठहराव की
बदबू है प्रवाहहीन जल की
और कुछ नहीं है इसके सिवा
कुछ भी तो नहीं।

पूरब का आदमी

टूटकर प्यार करता हूँ पश्चिम से, उत्तर से, दक्षिण से
दसों दिशाओं से
समूची सृष्टि समूचे ब्रह्माण्ड से

मेरा पुरबियापन और भीगा मन
मेरी ताकत हैं
मेरी सीमा नहीं।

लगाम

जिन लोगों ने दिखाई मुझे राह
जिन लोगों ने वक़्त-बेवक़्त पहचानी मेरी आह
जिनकी गझिन संवेदना का नहीं लगा पाया मैं थाह
उनमें से अधिकतर लोग अब नहीं हैं मेरे आसपास
लेकिन मेरी साँसों में बचा है उनका विश्वास

कठिन से कठिन दिनों में भी
मैंने कभी किसी को सीढ़ी नहीं माना
जो चला कभी मेरे लिए एक भी कदम
उसकी स्मृति को बचाया है मैंने आँख के पानी की तरह

जीवन के ऊँच-नीच में जब कभी मिलता है थोड़ा समतल और बावरा मन
होने लगता है तुरंग
तो उसी पानी को बना लेता हूँ लगाम।

प्रार्थनाओं का पानी

शाम के चार बजे हैं
मेरा अध्ययन कक्ष भरा है धूप से

किताबें मुस्कुरा रही हैं मेरी ओर देखकर
मैं बीच-बीच में निहार रहा हूँ चिड़ियों को
वे नीम के पेड़ पर उछलती-कूदती
आइस पाइस खेल रही हैं

मैं चाहता हूँ उनकी आवाज का अनुवाद करना
मेरी इच्छा है
मेरी दुनिया के लोग जान पायें सृष्टि के सबसे सुन्दर गीतों का मर्म
पर इनकार कर दिया है चिड़ियों ने
यह मंजूर नहीं दुनिया के आरम्भिक वास्तुकारों को

चिड़ियों ने कहा है अपने सन्देश में
कि ज़रूरी नहीं कि आप समझें हमारी भाषा के अंग प्रत्यंग
समझें उसका रूप-रंग
हमारी इच्छा है कि मनुष्य जिस तरह विकल है अपने जनतन्त्र के लिए
वह सम्मान करे हमारे पुरातन लोकतन्त्र का
हम मनुष्य नहीं कि ईर्ष्या और द्वेष में छोड़ दें अपने कण्ठ में बसी आदिम प्रार्थना

हम सब चाहती हैं
कि कुछ भी और नया सीखने से पहले
मनुष्य सीखें प्रार्थनाओं के पानियों को पहचानना।

नयी बयार

चारों ओर मृत्यु और भय का हाहाकार
बलात्कार व्यभिचार
छूट रहा है
एक दूसरे के सम्मान का आचार व्यवहार
बेटियाँ असुरक्षित हैं
मज़दूर लाचार

विकास, समाज ,लोकतन्त्र, न्याय
धीरे-धीरे होते जा रहे हैं
अर्थहीन शब्द और पद

हम निहार रहे हैं एक दूसरे का मुँह
खुजा रहे हैं पीठ
पोंछ रहे हैं एक दूसरे की लार

सोचिए, कैसे बहेगी कोई नयी बयार?

धुन्ध

यह नवम्बर की छठी तारीख के पौ फटने का समय है जब
आकाश की ओर ताकने और आकाश से नीचे देखने पर
कोई मनमोही दृश्य नहीं सिर्फ धुन्ध-ही-धुन्ध है
पराली की कृपा से पसरा हुआ राजधानी के चहुँओर

पथराई आँखों से यमुना निहार रही है अपना जल
उसकी देह को पहले ही लोगों ने बदल दिया है नाबदान में
वह महसूस कर रही है अपने रक्त में बजबजाहट
शहर का फेफड़ा कोरोना आने से बहुत पहले ही हो चुका था छलनी
उसे क्रानिक दमा है दशकों से वह हाँफ रहा है अनवरत छाती थामें
उसे दौड़ना है विकास की रेस में हर हाल में सबसे तेज़ चाल में
और इधर अहर्निश हो रही है अम्ल वर्षा
फैलता जा रहा है धुन्ध का साम्राज्य
सरकारें एक दूसरे पर आरोप लगाकर मुक्त हैं हर ज़िम्मेदारी से
और देश एकटक निहार रहा है राजधानी की ओर मुँह उठाये
कि छँटेगी धुन्ध और दिखेगी राजधानी
दिखेगा उसका इच्छित रूप
आज नहीं तो कल
कल नहीं तो परसों

वैसे सनातन उम्मीद से भरे इन लोगों को यह भी पता है
कि सदियों से नाभिनाल सम्बन्ध है राजधानियों का धुन्ध से।

नींद

आज महीनों बाद सोया थोड़ी अच्छी नींद
आज महीनों बाद अपनी सी लगी रात

वैसे भी नींद न हो तो बिखर जाती है रात
भली नहीं लगती कोई भी बात
अनमने से दिखते हैं अपने ही हाथ

प्रिये!
हर जागरण के बाद ज़रूरी है नींद जल की तरह
हर नींद के बाद ज़रूरी है जागरण हवा की तरह।

ज़िन्दगी और ग़ज़ल

यह ज़िन्दगी एक ग़ज़ल की तरह है
जिसके पहलू अलहदा हो सकते हैं एक दूसरे से
अशआर की तरह
पर अलग-अलग होकर भी उन्हें जोड़े रहता है एक क़ाफ़िया
रदीफ़ न भी हो तो चल जाता है काम
बस बहर नहीं टूटे तो तनी रहती है ग़ज़ल

बस एक क़ाफ़िया हो मन लायक
और साथ हो किसी का बहर की तरह
तो टूटती नहीं है टेक ज़िन्दगी की।

अमरता नश्वरता

दृष्टि के पार
जहाँ मिल रहे हैं धरती और आकाश
यह नील जल कहीं उससे भी आगे तक है शायद

लहरें उठ रही हैं, गिर रही हैं
बार-बार
छूना चाहती हैं आकाश

छू नहीं पातीं लेकिन थकती भी नहीं वे
गिर-गिर कर फिर-फिर उछालती हैं स्वयं को

यह एक महान दृश्य है सृष्टि का
उसके आरम्भ से ही बिगड़-बिगड़ कर बनता हुआ

इधर समुद्र के वक्ष पर
खिल उठे हैं कई-कई इन्द्रधनुष

आज मन कह रहा है अपने मन से
देखो! देखो!!

यही अमरता है सौन्दर्य की
नश्वरता भी उसकी।

घर ईश्वर है

हमारा पता बदल रहा है!

इस घर में यह आख़िरी सुबह है हमारी
हमेशा की तरह लॉन में बिछे हुए हैं
हरसिंगार के फूल
अमरूद के फूल बदल चुके हैं फल में
अनार का दरख्त झुक गया है फलों से
चम्पा में फूल पहले की तरह हैं
रातरानी, जूही और मोगरे-सब हैं
रहेंगे भी शायद आने वाले कलों में

बस, हमारा ठिकाना बदल रहा है
अब हम नहीं होंगे
इनकी जड़ों को सींचते
इनकी हवा को
फेफड़ों में खींचते
इनके साथ मह-मह महकते

जब हम आये थे इस घर में
छब्बीस जुलाई, 2005 को
बड़ी बेटी की उम्र थी पाँच वर्ष 6 महीने 28 दिन
छोटी की उम्र थी तीन वर्ष 5 महीने 14 दिन

सुबह शाम उन्हें कभी गोद में कभी कन्धे पर लिए
हम दीया-बाती
टहलते थे इसके लॉन में
दूर तक जंगल और
चिड़ियों का झुण्ड और पहाड़ी निहारते हुए

कभी-कभी ज़िद में आयी छोटी बेटी को लेकर
जैसे ही आते थे हम लॉन में
चिड़ियों की चहचह और फूलों के रंग में
वह भूल जाती थी अपनी ज़िद

बड़ी बेटी ने यहाँ इसी घर, लॉन में
बनानी शुरू कीं पेंटिंग्स
और निखारा अपनी कला को

इसी घर में बेटियाँ ले आयीं
अव्वल आने के कई-कई मेडल
इसी घर में रहते हुए
छोटी बेटी ने सीखी कला फ़ोटोग्राफ़ी की
यहीं रहते हुए
मेरी कविताओं ने भी पसारे पंख
दुनियादारी की भाषा में कहूँ
तो मेरे करियर ने भी ली नयी उड़ान इसी घर में रहते हुए

अपने अब तक के जीवन में गाँव के बाद मैं
और गोरखपुर के बाद मेरी पत्नी ने
सर्वाधिक समय गुजारा इसी घर में

इसी घर में रहते हुए
हमने वह शऊर सीखा जीवन का

जिसे सीख नहीं पाये थे बभनान
या दिल्ली के दूसरे घर में रहते हुए

इस घर के पहले बाशिंदा थे हम
जब हमने प्रवेश किया इसके हृदय में
इसमें गन्ध थी नयेपन की
ख़ुशबू थी टटके अनाज की

इस घर की पतलियों में
सुरक्षित है मेरी बेटियों का बचपन
जैसे हम दीया-बाती की पुतलियों में

यदि कभी हो कोई प्रतियोगिता क़िस्सा-कहानी की
और अवसर मिले घरों को कुछ कहने का
तो देखते ही बनेगा दृश्य
बड़े-बड़े किस्सागो छोड़कर भाग जायेंगे मैदान

घरों के पास होती हैं वो कहानियाँ
जिनकी गन्ध तक नहीं सूँघ पाता कोई किस्सागो

सृष्टि की सारी कहानियों में
अंश-अंश आता है घर
किसी कहानी में घर की हँसी का कोई छोर होता है
किसी कहानी में घर की आँख से टपके आँसू का थोड़ा-सा नमक

एक पूरा का पूरा घर
कहाँ ला पाया कोई क़िस्सागो अपनी कहानी में
कोई कवि भी
आज तक गा न सका किसी घर को पूरा-पूरा

घर ईश्वर है
जिसे बखाना नहीं जा सकता पूरा-पूरा
पर सुन्दरता यही कि हर बखान लगे पूरी-पूरी
अन्तिम-अन्तिम

आज शाम तक हम चले जायेंगे नये घर में
नया घर भी उत्सुक है स्वागत के लिए
एक पता मिटेगा दूसरा छप जायेगा
यह क्रम चलता ही रहता है चलता ही रहेगा
लेकिन जब भी कभी भी कहीं भी
कोई कहेगा–'के. 2 महानदी एक्सटेंशन, इग्नू'
कदम रुक जायेंगे, मन ठहर जायेगा

मैं चाहूँ भी तो नहीं भूल सकता
कि पृथ्वी ने यहीं इसी अक्षांश पर
तेरह वर्ष से कुछ अधिक अवधि तक
अपनी गोद में रखा था हमें।

उसकी अनुपस्थिति में बस एक देह भर रह जाऊँगा मैं

आसमान धूप से भरा है
धरती ठण्ड से काँप रही है
माँ विदा हो रही है पृथ्वी से अनन्त की ओर

अभी-अभी डॉक्टर ने कहा है
बस दस मिनट और...

अब तक के जीवन में
इससे अधिक बेधक कोई और सूचना नहीं आयी मुझ तक

आईसीयू के बाहर चक्कर काटते हुए
बार-बार निहारता हूँ उसके विशाल दरवाजे की ओर
जानता हूँ कोई चमत्कार नहीं होगा
फिर भी मन कहाँ मानता है
हाथ जुड़े हैं और मन झुका है प्रार्थना में

इसी क्षण एक आँधी सी उठी है अन्त:करण में
कुछ भी अपने वश में नहीं
याद आ रही हैं बहुत सी बातें, दिख रहे हैं बहुत से दृश्य
कभी लयबद्ध कभी एक दूसरे में गड्डमड्ड होते हुए
आँखें बह रही हैं अनवरत
सचमुच सदियों से हृदय की चिट्ठी हैं आँसू

प्रार्थना और प्रतीक्षा के बीच बीत गये दस मिनट
बीत गये मेरे बचपन के वे हज़ारों दिन जिनमें माँ सिर्फ़ हमारे लिए जीती रही
वह निर्भर नहीं थी किसी पर आर्थिक रूप से
पर अपने लिए उसने कभी नहीं चाहा कुछ भी कभी नहीं किया कुछ भी
बस करती रही सब कुछ अपने तीन बेटों और तीन बेटियों के लिए अथक
दुःख सहते हुए

बीत गये दस मिनट
निस्पंद हो गयी देह माँ की
अपने बच्चों की आहट मात्र पर उठ बैठने वाली वह अब कभी नहीं उठेगी
बिल्कुल शान्त है उसका चेहरा
एक मुस्कान है वहाँ
शायद दिख गये हैं उसे पिता जी उस ओर उसकी प्रतीक्षा करते
या शायद यह प्रतीक हो उसके ईमानदार दीर्घ जीवन का
जिसमें टूट कर भी वह कभी दिखी नहीं टूटी हुई बिखरी हुई

यह नरम धूप से भरी हुई आख़िरी सुबह थी
जिसमें माँ थी अपनी भौतिक काया के साथ
कल आख़िरी शाम थी जिसमें उम्मीद थी थोड़ी-सी पर आज बीत गयी वह
कल माँ विलीन हो जायेगी क्षिति, जल, पावक, गगन और समीर में
नरम धूप के दिन और भी आयेंगे
छुयेंगे मेरी त्वचा
पर छू न सकूँगा मैं उसकी वह कोमल काया
जिसमें नौ महीने से कुछ अधिक रहकर बाहर आया था मैं
जिसकी गोद में रहा लगभग पाँच वर्ष छोटे भाई के आने तक

यह अजीब लग सकता है लेकिन सच है कि मेरे पास कोई स्मृति नहीं माँ से
मार खाने की डाँट सुनने की
मेरे पास स्मृतियाँ हैं सिर्फ़ दुलार और दूरी की

माँ छुट्टियों में आती थी कुछ समय के लिए प्रसन्नता से दमकती हुई और
उदास लौटती थी मेरी बेटियों के पास से
अन्त-अन्त तक मैं उसका वही बेटा रहा पाँच-सात साल का जिसके खा-पी
लेने की चिन्ता परेशान रखती थी उसे
सच कहूँ तो उसकी छाँव में छोटा बने रहने का जो सुख था वैसा दूसरा सुख
तब मिला जब मैं पिता बना
हालाँकि दो बेटियों का पिता बनने के बाद भी मैं बच्चे से बड़ा नहीं हो पाया
था उसके लिए
जिस भाव से देखता था मैं अपनी बेटियों को उसकी उपस्थिति में, उसी भाव
से देखती थी वह मुझे

माँ गयी फिर कभी न लौटने के लिए
कभी न पुकारने के लिए कभी न पलट कर देखने के लिए
फिर भी मैं जानता हूँ वह मुझमें रहेगी रक्त और विवेक की तरह
उसकी अनुपस्थिति में बस एक देह भर रह जाऊँगा मैं।

किसी स्वप्न की कोर में

कभी मिले महत्व
और फिर धीरे-धीरे
वह अनुपस्थित हो जाये जीवन से
तो घबराना नहीं
न करना विक्षिप्तों-सा आचरण
भाषा की मर्यादा भी न खोना
और न ही हर ऐरे-गैरे के आगे रोना
थोड़ा ठहरना और समझाना मन को
जीवन में चलता रहता है पाना-खोना
यह गणित नहीं है
न है जादू-टोना

यही ज्ञान है जीवन का
यही है उसका विज्ञान
कहते रहे हैं पूर्वज सदियों से
मैं कोई नयी बात नहीं कह रहा आज

जीवन में अक्सर आती हैं चीज़ें अप्रत्याशित
और चली भी जाती हैं हमारी इच्छा के विपरीत
फिर भी जीवन नहीं जाता
वह बचा रहता है
किसी स्वप्न की कोर में

देखना!
जब लगे अचानक सब कुछ छीज रहा है
मन अकारण भीग रहा है
तब थोड़ी दृढ़ता पैदा करना अपने भीतर
फिर लौटना उस पहले सपने की ओर
जिसे तुमने माना था आत्मा का पहरूआ
जिसे माना था मेयार जीवन का

फिर देखना
बदल जायेगा सब कुछ
महसूस होगा
जैसे पृथ्वी से उठ रही है
मौसम की पहली बारिश के बाद की गन्ध।

कभी किसी क्षण

हवाई जहाज़ के बिजनेस क्लास में बैठा
वह आदमी
पृथ्वी की ओर देखते हुए
क्या सोच रहा होगा इस समय

ऊपर से तो पृथ्वी भी दिखाई नहीं देती
ठीक-ठीक अपने ही रूप में
क्या वह या कोई भी
ऊपर से देख या महसूस सकता है
मात्र कुछ हज़ार का क़र्ज़ न चुका पाने के कारण
कोई कूद गया गोर्रा नदी में
या सुन सकता है बेटियों के दुःख से
पथरा रही पृथ्वी का आर्तनाद

क्या ऊपर से देखने पर
कुछ भी ठीक-ठीक महसूस होता है नीचे के बारे में
क्या असमान में उड़ रहा व्यक्ति
उड़ते हुए पल भर के लिए भी
सोचता होगा सीवर में उतरने वालों के बारे में

ऊपर तो ज्यों ही कम होता है ऑक्सीजन
अपने आप नीचे आ जाता है ऑक्सीजन मॉस्क
और साँसों को मिल जाती है गति

ऑक्सीजन की कमी से
शायद ही कभी कोई मरता होगा जहाज़ में
लेकिन सीवरों से अक्सर निकलती हैं लाशें
और उनके साथ ही चिथड़ों में लिपटीं कई ज़िन्दगियाँ
मरहूम हो जाती हैं चीथड़ों से भी

पर अद्भुत है
बखान से परे यह भूख की विडम्बना भी
जो उतार देती है
सीवर में कुछ नयों को
कभी किसी क्षण लाश में बदलने के लिए

जहाज के बिजनेस क्लास में बैठा आदमी
और उस जैसे हज़ारों लाखों और आदमी
अलग-अलग समयों पर अलग-अलग ढंग से
कुछ न कुछ सोच रहे हैं पृथ्वी की ओर ताकते हुए
नदियों को निहारते हुए
समुद्र की रेत पर टहलते हुए
पर्वतों का शिखर देखते हुए
पर सीवर में दम घुटने से मर रहे लोगों
और उन्हीं जैसे करोड़ों-करोड़ और लोगों के जीवन में
विडम्बनाएँ जस की तस हैं
वे धीरे-धीरे छेंकती जा रही हैं
उम्मीद के हर रंग को।

सफलता के रेखागणित में

रिश्ते निभे
ख़ूब निभे

ख़ूब जैकारा हुआ
ख़ूब मिली वाहवाही

सब सुनाते रहे अपने-अपने अनुभव
बस चुप रहा वह भाई
जिसके प्रेम का कोई पैमाना नहीं था
जिसने अपने हिस्से का सुख सौंप दिया
भाइयों के बच्चों को
साफ़ किये उनके कपड़े
साफ़ किये उनके मल-मूत्र फर्ज़ की तरह
उन्हें ले जाता रहा स्कूल
बनाता रहा उनके लिए खाना
उनके दुःख को महसूसता रहा आत्मा के घाव की तरह
जिसने पल भर के लिए भी रिश्तों पर नहीं जमने दी मैल

अब जीवन में मित्र ही मित्र हैं
सफलताएँ हैं, चमक है
सब ओर भरा-भरा सा है
उल्लास है, उजास है

बस वह भाई नहीं है कहीं भी इस दृश्य में
अब उसके लिए जगह नहीं है हृदय के बरामदे में

सफलता के रेखागणित में अब कोई प्रमेय नहीं ऐसा
जिसे सिद्ध करने के लिए याद करना पड़े भाई का चेहरा।

नियम की तरह

वे लोग जिनसे मिले बिना शाम ढलती ही नहीं थी
उदास बैठ जाती थी गुलमोहर की किसी नर्म शाख पर
लगता था जैसे ये न होंगे तो कैसे कटेगा तवील सफर ज़िन्दगी का
कि ये ही सोख्ता हैं मेरे अयाचित दुखों के
अब उनमें से कइयों से मिले ज़माना हुआ
कइयों ने पकड़ ली ऐसी राह कि उनसे मिलने की उत्कण्ठा ही सो गयी चिर निद्रा में
और मैं भी कहाँ रहा निरापद!

शामें आती रहीं अपनी आदत के अनुरूप
और हम बदलते गये अपनी आदतें
कभी संभालने के लिए ज़िन्दगी की गति
और कभी अपने अनुरूप करने के लिए
हाथ से छूटती ज़िन्दगी की रफ़्तार

ऐसे में छूटना ही था बहुत कुछ प्रिय
और संचित ही होना था ढेर सारा अनिच्छित
इच्छित त्वचा के ठीक नीचे हर नियम को धता बताते हुए

वैसे भी नियमों की यान्त्रिकता
और जीवन के बहाव में रहता ही आया है संघर्ष
कभी-कभी तो एक दूसरे के विलोम की तरह मिले हैं ये
इसलिए आज जो अप्रिय है वह
सम्भव है अप्रिय ही रहे सदा
लेकिन लिख-कह नहीं सकते इसे नियम की तरह।

विश्वसनीय

जब किसी किले को देखो
या देखो महल को
और उसका वैभव देखकर
तुम्हारा चित्त रचने लगे अचरज का विश्व
तो रोकना मन के घोड़े को
ताकना उस स्याह अँधेरे में
जो दिखाई नहीं देता
जिसे देखना पड़ता है आत्मा की आँख से

हर किले को ध्वस्त होना है एक दिन
सारे महल धीरे-धीरे बदल जायेंगे खँडहर में
किसी न किसी दिन
हर राजा जानता था इसे
फिर भी क्रूरताएँ कहाँ खत्म हुईं उनके मनों से
उनके जीवन से उनके आचरण से

हर किले के खँडहर में
अनगिन विलाप टहलते हैं अब भी
हर महल के ईंट-दरवाज़ों में चीख़ें हैं स्त्रियों की
जो हर निशान मिटने के बाद भी
बची रहेंगी शून्य में
जिनका भाष्य करेंगी नये दौर में बेटियाँ

किलों, महलों के खँडहर
इतिहास नहीं सिर्फ़ वैभव के
वहाँ एक असमाप्त कराह भी है अतृप्ति की
वहाँ अपूर्ण इच्छाएँ हैं कोटि-कोटि

लिखित इतिहासों का अधिकांश
हुनर का प्रदर्शन भर है

हुनर
विजयोन्माद और चीख़ों को
सफल और सफलता के पक्ष में
विश्वसनीय बना देने का।

एक पुराना खेल

किसी दिन उत्तर एकाएक दक्षिण हो जाये
या दक्षिण इस तरह अँकवार में भर ले उत्तर को
कि कुछ देख ही न पायें पूरब पश्चिम
तो इसे भ्रम न मानना आँखों का

यह खेल पुराना है
यह नाभिनालबद्ध है खून लगे मुँहों से

इसका कोई लेना-देना नहीं
राजधानी के चारों ओर जल रहे पराली से

हवा में घुली राख से बहुत बहुत बहुत अधिक ज़हरीली है
मनुष्य को नाधने और जोतने की कामना

जो थामना चाहते हैं पृथ्वी की लगाम
वे विलोप कर सकते हैं किसी का किसी में
इसलिए जिसे तुम समझ रहे हो उत्तर
सम्भव है वह मुल्लमा हो बस
दक्षिण की देह पर कौशल से पोता हुआ।

सबक

आकाश तुम्हारे सिर के ऊपर है
सिर से बहुत बहुत ऊपर
धरती तुम्हारे पैरों के नीचे है
बिल्कुल तलुवों से सटी हुई अविच्छिन्न

यह एक सबक है जिसे याद रखते हैं सब
पर चौबीस कैरेट सोने सा चमक रहा यह सबक
आधा किताबी है सत्य की शाल ओढ़े

सच है आकाश कभी नहीं बेदखल करता
अपनी छाया से अपनी तपन से अपनी माया से
जबकि धरती बार-बार खिसक जाती है
पैरों के नीचे से।

कोरोना और जीवन का हाइवे

वर्तमान का अतीत हो जाना
एक स्वाभाविक प्रक्रिया है जीवन की
लेकिन अतीत का वर्तमान हो जाना
कभी जादू होता है जीवन का
कभी अयाचित अतिथि जिसका स्वागत नहीं करता कोई

पत्ते गिर रहे हैं सूख कर
कभी जब आये थे पेड़ों पर
पूरा मंजर भर गया था हरीतिमा से
अब टहनियाँ हैं नये की प्रत्याशा में

कोरोना आया है जायेगा भी
विपत्तियाँ और आपदाएँ
आती ही रही हैं मनुष्यों पर सभ्यता पर
बहुत कुछ खोकर फिर खड़ा होता रहा है मनुष्य
कभी अतीत से सीखता, कभी अतीत को छेड़ता

बड़ी जिजीविषा है मनुष्य में
देखिएगा कुछ दिनों बाद
बच्चे हँसते हुए कहते मिलेंगे-
ॐ कोरोनाय नमः स्वाहा
ॐ कोरोनाय नमः स्वाहा

और फिर चेहरे पर मुस्कान लिए साँस टानकर
जीवन के हाइवे पर दौड़ पड़ेंगे अपनी पूरी सामर्थ्य से

और उन्हें इस तरह देखकर हकबकाया हुआ कोरोना
थककर बैठ जायेगा
समय गृह के किसी अँधेरे कोने में।

पर हारा नहीं

काल मृग की पीठ पर
चुपचाप बैठा भग्न-हृदय
पर हारा नहीं

चिन्तित हूँ
विचलित हूँ
पर बेचारा नहीं।

एक सच यह भी

माँ-बाप बच्चों को
चलना ही नहीं सिखाते
उनसे हार-हार कर
उन्हें जीतना भी सिखाते हैं

यह और बात है
कि झूठ-मूठ में जीतने के अभ्यस्त हुए तमाम बच्चे
एक दिन माँ-बाप को हारा हुआ मानकर
उन्हें उस एकान्त में छोड़ देते हैं
जिस एकान्त की कल्पना भी नहीं करता कोई सद्गृहस्थ।

बुखार में मन

बुखार से तपते शरीर को
मिलती है जैसे ही थोड़ी सी राहत
स्मृतियों के अनगिन गवाक्ष खुल जाते हैं अचानक

मन बावरा हो जाता है
न जाने कहाँ-कहाँ हो आता है
छोटी सी परिधि तन की लाँघता है बार-बार
और हर बार उसका आयतन बड़ा हो जाता है।

समय

एक समय था वह भी
जब बिगड़ जाता था स्वाद
चाय में चीनी कम होने पर

एक समय है यह भी
जब बिगड़ जाता है स्वाद
चाय में चीनी होने पर!

हमने सिरजे चतुर सुजान

यह किसी भी वायरस से उत्पन्न विपदा से
बड़ी विपदा है
कि जो चतुर नहीं है
उसे मान लिया जाये मूर्ख

जो सीधी-सादी बातें करता है
जो कर लेता है विश्वास
आपकी और मेरी हर बात का
उसका कर लिया जाये इस्तेमाल
और भूल जाया जाये उसे
जैसे हम भूल जाते हैं देह के अवशिष्ट पदार्थों को।

मित्रो!
हमने धीरे-धीरे आगे बढ़ते हुए
विकसित होते हुए
बनाया है जो समाज
वह दोस्तियों का कम ईर्ष्याओं का अधिक है
वह प्रेम का कम घृणा का अधिक है

हमने विकसित होते हुए
वैज्ञानिक चेतना धारण करते हुए
किये कई-कई बड़े काम
और आप मानें या न मानें

कि यह भी कोई छोटा काम तो नहीं
कि विकास के महासागर में हमने
योजनाबद्ध ढंग से डुबो दिया मनुष्य होने का भाव
वहाँ से छान लाए नमक की तरह चतुराई

प्रकृति ने सिरजा था मनुष्य
हमने सिरजे चतुर सुजान

कभी-कभी लगता है जैसे
मनुष्यता के कम होने या न होने का विलाप भी
दुःख नहीं, योजना है कोई।

अपनी ख़बर

आजकल भूलने लगा हूँ बहुत कुछ
चश्मा बाहर ही रह जाता है और उसका केश उठाकर चल देता हूँ
लिखना कुछ होता है लिख कुछ और देता हूँ
नाम किसी और का लेना होता है ले किसी और का लेता हूँ
कोई किताब ढूँढ़ने उठता हूँ पर भूल जाता हूँ उसका नाम
हाथ से गिर जाती है कोई चीज़ और बहुत देर बाद मुझे ख्याल आता है उसका
तब तक कोई और उसे बना चुका होता है अपना

समझ में नहीं आता क्या हुआ जा रहा है मुझे
गड्डमड्ड हो गयी हैं तारीखें

प्रकाश के भ्रम में अँधेरे का कोई घर बना लिया है शायद मैंने
आजकल उसी में खो गया हूँ कहीं
चलते-चलते इतना भीतर आ गया हूँ इसमें
कि लौटने की कोई राह नहीं दिखती

कोई सूनापन है जो घुन की तरह चाट रहा है मन-मस्तिष्क को
आँखों की कोर में ठहर गये हैं आँसू।

रात के आँगन में ही मुस्कुराता है सबेरा

विज्ञान इसे नहीं मानता
पर प्रतीक्षा करने वाले जानते हैं
रातें लम्बी ही होती हैं अक्सर

उन क्षणों में
अजीब सी ऊब-चूभ
होती है मन में

कभी सुख की हल्की बयार नम कर जाती है मन
कभी दुःख की आहट से सिहर जाता है तन

गला सूखता है बार-बार

बार-बार महसूस होता है
पेशाब

कई बार जाड़े में भींग जाता है शरीर पसीने से
कई बार गर्मियों में शुरू हो जाती है कँपकँपाहट
देह में

मिलन की कुंजियाँ बहुतेरी हैं
पर प्रतीक्षा का व्याकरण लिख नहीं पाया कोई
मुकम्मल

लोग बाट जोहते-जोहते
गुजार देते हैं उम्र
उन्हें उम्मीद रहती है एक सनातन सी

कभी टोकिए जो उन्हें
वे आपको निरूत्तर करते हुए
मुस्कुरा कर कहेंगे–

रात के आँगन में ही मुस्कुराता है सबेरा।

क्या सचमुच हवा का झोंका होता है प्रेम?

कहीं से आते हो
कहीं और चले जाते हो!

कहना मुश्किल है
समय के किस अन्तराल में
तुम मेरे होते हो
मेरे पास रहते हो

तुम पास हो भी और नहीं भी
तुम्हारा होना है भी और नहीं भी

क्या सचमुच हवा का झोंका होता है प्रेम ?

कभी अचानक लेकिन धीरे से आता है
और मन की त्वचा को सिहराकर उड़नछू हो जाता है!

प्रेम के अस्थि-फूल

प्रेम के कोमलतम क्षणों में किये गये वादे
तोड़ते और बिसराते हुए क्या कोई बेचैनी नहीं होती होगी
तोड़ने और बिसराने वाले के भीतर

प्रेम करने वाला कोई इतना कठकरेज तो नहीं होता होगा
कि जिसे देखकर कभी पिघल जाती रही हो देह
उसे छोड़ते-बिसराते हुए भीतर कुछ पिघले ही न

कहीं कुछ भहराता तो होगा भीतर
रक्त में होती तो होगी हलचल
लेकिन राह रोककर खड़ी हो जाती होंगी
दुनिया, भविष्य और नये जीवन की चिन्ताएँ

यह प्रेम भी बहुत रहस्यमय है
बहुत ज़ालिम है इसकी रहस्यमयता
इसमें जो छूट जाता है पीछे भग्न-हृदय
उसी पर होती है स्मृतियों को बचाये और जिलाए रखने की जिम्मेदारी

वह जीवन भर चुनता रहता है अपने प्रेम के अस्थि-फूल।

शायद हो जाये तुम्हारी

जिन सुबहों में मैंने किया तुम्हारा इंतजार
वे सुबहें अब भी निहारती हैं अपलक मुझे
मैं भटकसुन्न-सा ताकता हूँ उनकी ओर
न जाने क्या खोजती हैं वे
एक खो चुके आदमी में!

गर कभी वे जो मिल जायें कहीं तुमसे
उनकी उपेक्षा मत करना
जो नरम धूप मेरी न हो सकी मेरे तमाम जतन के बाद भी
शायद हो जाये तुम्हारी!!

विदा के दो शब्द

सुलेखा ओ सुलेखा!
ओ मेरी सखी पुरातन!!
मैं लौटता हूँ बार-बार स्मृतियों के सघन वन से
देता हूँ आवाज बजाता हूँ कुण्डी
पर तुम नहीं खोलतीं दरवाजा
किसी खिड़की पर भी नहीं होती कोई आहट

जीते जी कोई इस तरह अनुपस्थित कहाँ होता है
जैसे तुम हो गयीं मेरे जीवन में
इस तरह बिसराया जैसे कभी मिली ही न थीं मुझसे

देखो, बादल उतर आये हैं आज असमय धरती पर
उन्हें नींद आ रही है
तुम्हें भी पुकार रहे हैं शायद तुम्हारे नये स्वप्न
उन्हें आलिंगन में कसकर सो जाओ

प्रतीक्षा और उपेक्षा हमेशा से सहचर रहे हैं मेरे

कैसा तो यह समय आ गया
जब पुकार को कौन कहे, मेरी चीख़ भी नहीं पहुँचती तुम तक
मेरी आवाज लौट आती है उदास मुझ तक
किसी मुरझाए फूल की तरह

धिक जीवन धिक-धिक जीवन
हत भाग्य मैं!
जो पा न सका विदा के दो शब्द भी तुमसे

चलो, अब लौटता हूँ मैं भी नींद की तलाश में
शायद हो कहीं चुपचाप बैठी मेरे इन्तज़ार में।

बेटियाँ आत्मा की पुतलियों में रहती हैं

नन्हे-नन्हे कदम धरती थीं
कभी धरती पर
कभी हमारी हथेलियों पर
फूल से भी कहीं अधिक नरम था उनके तलुओं का स्पर्श
मेरे मन-मष्तिष्क में कोई दूसरी स्मृति नहीं
उससे अधिक नरम कोमल की

देखते-देखते सयानी हो गयीं बेटियाँ
हमारी आँखों का पानी हो गयीं बेटियाँ

हमारी सयानी बेटियाँ
हमारी आँखों का पानी बेटियाँ
अब बड़े-बड़े डग भरती हैं
कभी जो चलती थीं धीरे-धीरे
अब तेज कदम चलती हैं

हमारी पलकों पर कुछ सपने उनको लेकर पलते थे
जब कंधों पर हम दोनों उनको लेकर चलते थे
वे सपने उड़कर जाने कब
उनकी पलकों पर जा पहुँचे

अब बिना कहे कुछ वे दोनों
उन सपनों के आगे-आगे चलती हैं

सचमुच बेटियाँ आत्मा की पुतलियों में रहती हैं।

और उधर

जाड़े की दोपहर में सेंकते हुए धूप
मेरी तीन साल की बेटी
बहुत तन्मय होकर चूसती है गन्ने का रस

मैं छोटे-छोटे गुल्ले बनाकर
रख देता हूँ किसी तश्तरी में
और एक-एक कर वह चूस जाती सारे गुल्ले

चूसकर गुल्ले जब बोलती है वह
तनिक और बढ़ी होती है मिठास उसकी बोली में

गन्ने का रस चूसती मेरी यह बेटी
नहीं जानती है उस पसीने के बारे में
जो बहा होता है खेतों की क्यारियों में
वह उस ख़ून के बारे में भी नहीं जानती
जो बहा दिया जाता है कानून और व्यवस्था के नाम पर
वह पैबन्द लगे उन सपनों के बारे में भी नहीं जानती
जिनके हकीकत में बदलने का इन्तजार करते
गुजर जाती हैं किसानों की कई पीढ़ियाँ

इस समय मेरी बेटी चूस रही है गुल्ले

खिलखिला रही है धूप की तरह
मैं एक खेतिहर का बेटा सोच रहा हूँ
और उधर न जाने कौन से फैसले ले रहे होंगे
देश चलाने वाले।

धोखे का व्याकरण

धोखे के व्याकरण में विविधता नहीं होती
कोई जटिलता भी नहीं अपवादों को छोड़कर

धोखे का एक ही व्याकरण होता है :
अपना हित।

जीवन

प्रेम से अधिक फरेब
किसी और रिश्ते में नहीं होता
जानते हैं लोग फिर भी
हँसते-हँसते काट देते हैं उम्र।

विडम्बना-1

सब कुछ जिसके नाम पर हुआ
कुछ भी
उसके नाम न हुआ।

विडम्बना-2

वे कुछ लोग
जिनके साथ उम्र बिताने की ख्वाहिश थी
बिलाते चले गये आहिस्ता-आहिस्ता

वे कुछ लोग
जिनके होने से मन ऊब जाता था
घेरते चले गये आहिस्ता-आहिस्ता!

विडम्बना-3

जिन लोगों ने मुझे सीढ़ी समझा
आदर, सत्कार और चासनी में डूबी भाषा के जाल में डूबा और उलझा समझा
उन्हें कभी कुछ नहीं कहा मैंने
क्योंकि उन्हें ख़ुद-ब-ख़ुद एक दिन ओझल हो जाना था
मेरी दुनिया से

जिन लोगों ने मुझे प्यार किया अकुण्ठ
जाने-अनजाने उन्हें कई बार दुःख दिया मैंने
फिर भी वे बने रहे मेरे संसार में
मेरी कमज़ोरियों, क्षुद्रताओं और नाकामियों के बाद भी

और ऐसा सिर्फ़ मेरे साथ नहीं हुआ
ऐसा सिर्फ़ आपके साथ नहीं हुआ
अधिकतर ऐसा ही होता आया है सदियों से

अक्सर हमारे अच्छे -भले क्षणों
और बहुत सी सकारात्मकता का
इस्तेमाल कर लेते हैं वे लोग
जिन्होंने क्षण भर भी प्यार नहीं किया होता है हमें।

विडम्बना-4

कुछ पौधे होते हैं
कम धूप और पानी के

वैसे तो इस संसार में कुछ लोग रह जाते हैं
बिन जवानी के।

विडम्बना-5

आप जिनकी प्रतीक्षा करते हैं
वे अक्सर नहीं आते सही समय पर
उनके पास होता है कोई न कोई ऐसा बहाना
जिस पर न चाहते हुए भी
मन को तसल्ली देने के लिए
आप कर ही लेते हैं यकीन

जो अक्सर आपकी राह में बैठे
आपके लिए भुला देते हैं अपना सब कुछ
आप उन्हें कर देते हैं नज़रअन्दाज़
वे रह जाते हैं महत्त्वहीन आपके जीवन में

हाय! यह कैसी आत्महन्ता आस्था है
कि आप जिसे समझते हैं सही
वह आपको गलत साबित करते हुए चला जाता है
अपनी मन-पसन्द राह
आपको तिर्यक नज़रों से देखते हुए
और आप टुकुर-टुकुर ताकते रह जाते हैं सजल नयन।

किसी और की आत्मा के गह्वर में

जिनका स्टेशन आ जाता है वे
उतर जाते हैं और वहीं उन्हीं सीटों और कुर्सियों पर
कुछ नये सवार हो जाते हैं आगे की यात्रा के लिए
यह भूलकर
कि उतर जाना होता है सबको चुपचाप
कि सबके हिस्से होता ही है एक आख़िरी स्टेशन

पर वहाँ पहुँचने से पहले ख़त्म नहीं होता ईंधन
थककर भी रुकती नहीं उम्मीदें
नींद नहीं आती उन्हें
हाँ, कभी-कभी झपकियाँ ज़रूर आ जाती हैं
एक अन्तराल की तरह

वैसे बीतकर भी कहाँ बीतती हैं उम्मीदें
वे उतर जाती हैं किसी और की आत्मा के गह्वर में।

बनारस एक जीवित संस्कृति है सबसे अलहदा

मेरा बनारस वह नहीं है जो बहुत-सी कविताओं में है
वह भी नहीं जिसका ज़िक्र किया करते थे मित्र बातचीत में
कभी हँसते हुए कभी भावुक होते हुए

तब लगता था जैसे कोई फक्कड़ फ़क़ीर है बनारस
जहाँ रात कभी हो नहीं पाती रात जैसी
और उसकी सुबह का क्या कहना!
कवियों के स्वप्न में भी नहीं
उससे अधिक चित्तमोहिनी कहीं और की कोई सुबह

मेरी स्मृति में और भी कई बनारस हैं
एक ओर गोस्वामी तुलसीदास का बनारस है तो दूसरी ओर प्रेमचन्द के 'सेवासदन' का बनारस है तो उन्हीं के कर्मभूमि और रंगभूमि का भी

बनारस पर कुछ सोचते या लिखते हुए प्रसाद का वैभव
भला कैसे भूल सकता हूँ मैं
जिसमें उसी तरह घुला है बनारस जैसे दाल में घुलता है नमक

जब स्मृति से होकर पुतलियों में आता है बनारस
मेरी चेतना में उतर आते हैं पण्डितराज जगन्नाथ
उनकी कविता के साथ ही उनका प्रेम
गंगा की तरह प्रवाहित हो उठता है मेरी धमनियों में

यह कैसे हो कि याद आये बनारस और न याद आयें
मंदिरों की घण्टियाँ
और हर हर महादेव की स्वर लहरियाँ
और भंग की तरंगों में
सिद्धावस्था का सन्धान करते कुछ औघड़ कुछ ज्ञानी
और विकल हो चुकी दुनिया में शान्ति खोजते फिरंगी युवा
और जीवन की नश्वरता का साक्षात बोध कराती
जलते शवों की गन्ध

बनारस एक असाध्य प्रमेय है
'वह जितना अतीत में है उतना ही वर्तमान में'
और इन दोनों से कहीं अधिक भविष्य में

वह एक शहर मात्र नहीं है
दुनिया के बहुत सारे चमकदार शहरों की तरह
वह एक जीवित संस्कृति है सबसे अलहदा

बनारस की स्मृतियों से भरा है
दुनिया-भर की महान भाषाओं का साहित्य
लेकिन अब भी बहुत कुछ बाक़ी है लिखा जाना
बहुत कुछ लिखा जाकर भी हर बार छूट जाता है कुछ-न-कुछ
पर सच तो यह भी है कि लिखा जाये तो आख़िर कैसे
बनारस को पूरा का पूरा जबकि
है 'गिरा अनयन' और 'नयन बिनु बानी'।

जीवन का तर्क

रात भर नींद नहीं आयी
रात भर कोई सपना नहीं आया

न आया ऐसा कोई विचार
जिससे ख़ुशगवार हो जाये
आने वाली सुबह

बहुतों की बहुत सी रातें
कट जाती हैं इसी तरह
बहुतों की तो उम्र भी

जो लोग तय करते हैं जीवन का तर्क
अक्सर वे जान ही नहीं पाते जीवन को।

हूक

अजीब से दिन आये हैं
हवा में घुल गया है विष जैसे

लोग अवश ताक रहे हैं शून्य में
जो कल तक उपस्थित था
चमक रहा था कोहिनूर सा
राख हो चुका है महज कुछ घण्टों में

जीवन की तमाम योजनाएँ
पथराई आँखों से निहार रही हैं अस्थि-कलश

रुलाइयों के आर्तनाद से
सिहर रहा है शून्य
काठ मार गया है पृथ्वी को

चाहता हूँ बोलना
पर बार-बार कण्ठ से छूट जाती है रुलाई

कुछ दिन पहले तक
गुलमोहर के जिन फूलों से धुन उठती थी रूमान की
उन्हें देख हूक सी उठती है दिल में...

अधीर मन

'था' और 'है' के बीच होती है एक दूरी अलंघ्य-सी
पर था को है और है को था बनाने में लगी रहती है दुनिया की एक बड़ी आबादी

कइयों की उम्र खप जाती है इसी को सिद्ध करने में
पर आज तक ऐसा कहाँ हुआ कि 'था'
बिल्कुल अपने वास्तविक रूप में होकर वर्तमान
बन जाये 'है'

हाँ, 'है' को 'था' बनने के लिए बस एक पल काफी होता है
और उसे हो ही जाना होता है 'था'
किसी के रोके नहीं रुकना होता है उसे वर्तमान की शैया पर
फिर भी लोग अधीर मन लगे रहते हैं उद्यम में 'है' को बचाने और 'था' को
'है' बनाने के लिए

लेकिन लोग कहाँ समझ पाते हैं समय की गति
बहुत थोड़े से लोग होते हैं जो
देख पाते हैं अपने समय और स्वार्थ के दूसरी ओर।

लौटना तो

जिन जगहों के साथ दुख की श्रृंखलाबद्ध स्मृतियाँ हों
उधर लौटना तो मन माँजने को लौटना
न लौटना
पराजय, अपमान, अवसाद को अपनी आत्मा का सहचर बनाने के लिए

कोई और मारे न मारे
दु:ख की विकल स्मृतियाँ
मार देती हैं पत्थर विश्वास के जल में
फिर उठती हैं जल-तरंगे सौन्दर्य का बर्क़ ओढ़े

उन जल-तरंगों पर मोहित मत होना
न फँसना उनके इन्द्रजाल में
वे बना लेंगी एक चमकीला आवरण तुम्हारे अन्तःकरण पर।

जिसे जाना है अपनी पूरी अन्तस्चेतना से

जिसे रुकना नहीं था
उसे कैसे रोकता!

बेमन रुका हुआ व्यक्ति पास होकर भी रहता है अनुपस्थित
उसके होने और न होने के लिए ज़रूरी नहीं कोई साक्ष्य

जिसे जाना है अपनी पूरी अन्तस्चेतना से
उसे रोकना दु:ख की एक नदी खोदना है।

मृणाल कान्ति घोष के जादुई जूते

जब भी पहनता हूँ जूता
मुझे मृणाल कान्ति घोष के वे जूते याद आते हैं
जिन्हें सन् 1997 के अक्टूबर में पहनकर गया था मैं
नौकरी का इंटरव्यू देने अबके प्रयागराज और तबके इलाहाबाद सपनों का समुच्चय सँभाले उम्मीदों की गठरी उठाये

सोचता हूँ तो अचरज होता है
पर विश्वास बढ़ जाता है भलमनसाहत पर
कि अब भी हैं ऐसे लोग जिन्हें सुख मिलता है
औरों का सुख देखकर

मृणाल भी ऐसे ही थे बाँग्ला ढंग से हिन्दी बोलते हुए
कंप्यूटर साइंस के साथ-साथ
बाँग्ला साहित्य पर रस लेकर बतियाते हुए
लोगों को अचरज में डालते हुए
मित्रता को जीते हुए अपनी अकुण्ठ मुस्कान के साथ

एक दिन जब मैंने उन्हें बताया
दिल्ली में तो मुश्किल है इसलिए जा रहा हूँ इलाहाबाद
उत्तर प्रदेश के राजकीय महाविद्यालयों के लिए लेक्चरर का इंटरव्यू देने
आख़िर कब तक रहूँगा जेएनयू में
कहीं तो जाना ही होगा दादा

तो दादा ने बहुत गौर से मेरी बाहरी तैयारी का परीक्षण किया यह कहते हुए कि
सब्जेक्ट तो आप जानिए जितेन्दर
और यह वाला जूता मत पहनकर जाइए बिल्कुल फॉर्मल नहीं है
मैं ले आया हूँ एक हफ़्ते पहले ही एक जोड़ी नया जूता
अपने इंटरव्यू के लिए आप उसे ही पहनकर जाइए
और फिर उन्होंने पॉलिश कर वे जूते मुझे दिये
जो इस तरह आये मेरे पैरों में जैसे ख़रीदे ही गये हों मेरे लिए

उन जूतों में कोई जादू था जैसे
वह नौकरी मिली मुझे तबके उत्तर प्रदेश के पर्वतीय संवर्ग में
जो अब है उत्तराखण्ड एक अलग राज्य
वहीं मैंने पहली बार चखा स्वाद अपनी कमाई की रोटी का
जाना घनत्व हवा का पानी का और प्यार का

वह जादू ही था शायद मृणाल के प्रेम का
कि कुल पाँच पदों में से एक पद मिला मुझ अकिंचन को भी
किसी आठवें आश्चर्य की तरह

जेएनयू छूटा-तो-छूट गया रोज़ का सम्पर्क
पर नहीं छूटा नेह का धागा
मृणाल चले गये अमेरिका
बहुत सारे कम्प्यूटर विशेषज्ञों की तरह रोजगार में उन्मेष पाने
पर उन्हें बहुत प्यार था मातृभूमि से अपने लोगों से

वे आते रहते थे बीच-बीच में अपने देश और अपने बंगाल और अपने जे एन यू
इस बार भी आये थे अपनी बीमारी से ठीक होकर
फिर अमेरिका जाने और फिर-फिर भारत आने के लिए
पर धरी रह गयीं योजनाएँ
पीछे छूट गया परिवार और छूट गये साथी-संघाती

मृणाल हार गये जीवन
बस गये हमारी स्मृतियों के जीवित कोटर में
वे रहेंगे वहाँ हमारे रहने तक
बादलों की तरह कभी छाए हुए कभी बरसते हुए

अब सुबह शाम दोपहर रात जब भी पहनता हूँ जूता
याद आते हैं मृणाल याद आता है उनका बड़प्पन
याद आते हैं उनके वे जादुई जूते
जिन्होंने सँवारी थी कभी मेरी ज़िन्दगी।

सुख-दुख

जो आज आपके साथ है
वह कल भी
आपके ही साथ होगा यह सोचना
अपने लिए
भविष्य का एक बड़ा दुःख सृजित करना है।

धीरे-धीरे रीतती है करुणा

धीरे-धीरे रीतती है करुणा
धीरे-धीरे संवेदनाएँ बदलने लगती हैं प्रस्तर में
धीरे-धीरे सूख जाती है भावुकता की नदी
धीरे-धीरे मनुष्य परिवर्तित हो जाता है किसी यंत्र में

धीरे-धीरे वह सिर्फ़ जीने के लिए जीने लगता है
लोगों को यह भ्रम देते हुए कि
वह अब महज अपने लिए जी रहा है
पर कोई नहीं देखता
कि धीरे-धीरे
अक्सर वे लोग ही सोख लेते हैं उसकी करुणा, संवेदना और भावुकता
जिनके लिए ख़ुद को दाँव पर लगाता रहा वह।

अथ कोरोना कथा : कोई सीधी रेखा नहीं है जीवन...

पुतलियों के पार

यह कैसा भीषण एकान्त है
जब दीवारें भी बच रही हैं स्पर्श से

वे लोग जो लुटाते हैं मुझ पर जान
सहमे हुए हैं

बेटियाँ झूल जाना चाहती हैं गले में
पर लाचार निहार रही हैं दूर से

सजल हैं उनके नेत्र

ओ मेरी जीवन रेखा मेरी साँसों की डोरी
ओ मेरी प्राण श्यामा
मैं जानता हूँ
तुम विकल हो बहुत विवश भी

मैं देख सकता हूँ
तुम्हारी पुतलियों के पार
बह रहे आँसू...

सजल विश्वास

जिस सीने के रेशे-रेशे में रहती हो तुम
उसी में छिपकर बैठा है शातिर कोरोना

किसी-किसी क्षण टूटता है ज़िन्दगी में भरोसा
लड़खड़ाने लगता है मन
कि तुम आ जाती हो सामने
इन सबको परे धकेलते हुए

ओ मृगनयनी श्यामा
तुम्हारे सजल विश्वास भरे ये दो नयन
फिर से बाँध लेते हैं मन

आशा सी बँध जाती है
जीवन के पटरी पर लौटने की...

क्षमा

कल पूरी रात तड़पता रहा
न नींद थी न पूरी साँस

कुछ अधूरे सपने
उदास बैठे रहे सिरहाने

कई बार लगा
जैसे आ ही गयी अब विदा की बेला

उस क्षण आँखों में चपुचाप बैठी थीं बेटियाँ
वैसे भी वे रहती हैं वहीं

लगा जैसे
कितना कम चल पाया मैं उनके साथ
ठीक से खेल भी नहीं पाया
देख नहीं पाया उन्हें उड़ान भरते

सजल नैनों से बार-बार निहारा तुम्हारी ओर
मन ही मन जोड़ लिए हाथ
इस अधूरे साथ के लिए क्षमा करना प्रिय!

परछाईं

मैं अकेला ही तो हूँ इस कमरे में
निपट अकेला
ताकता छत अपलक

फिर यह कौन है
जो छिप रहा है उधर कोने में
दरवाजे के पास

देखता हूँ गौर से
और रह जाता हूँ अवसन्न

यह कोई और नहीं
परछाईं है मेरी ही...

प्रतीक्षा

रात के इस अँधेरे में
ऊब-डूब रहा है मन

बहुत उदास सी लग रही है
कमरे में पसरी नाइट बल्ब की गुलाबी रोशनी

सिरहाने की खिड़की से हटाता हूँ पर्दा
तन्हा सा खड़ा है लैम्पपोस्ट
नीम गाछ के नीचे

कोशिश करता हूँ देखने की
पर दिखता नहीं है चन्द्रमा
कहीं कहीं विरल से दिखते हैं तारे भर
साथी से छूट जाने की पीड़ा लिए

याद करता हूँ
इतनी उदास रातें
कभी-नहीं आयीं थीं ज़िन्दगी में

कभी मेरी साँसों को भी
नहीं करना पड़ा था इस तरह संघर्ष

एक पल कमरे में दौड़ाता हूँ नज़र
किसी अगले क्षण ताकता हूँ खिड़की से बाहर

पता नहीं
मेरी रात की सुबह होगी भी या नहीं!

लौटना

जब भी हाथ बढ़ाता हूँ ऑक्सीमीटर की ओर
अजीब सी सिहरन होती है
तलुओं से लेकर माथे तक

पसीना चुहचुहा जाता है
कनपटी के नीचे

डॉक्टर की सख़्त हिदायत है
कि दिन भर में
कम से कम दो बार चेक करनी है ऑक्सीजन
जिसे होना चाहिए 95 या ऊपर

यदि ऐसा नहीं हुआ
तो बज उठेगी खतरे की घण्टी
तो होना ही पड़ेगा अस्पताल में भर्ती

जैसे ही ज़िक्र आता है अस्पताल का
उतर जाता है बेटियों का चेहरा
आँखें डबडबा जाती हैं पत्नी की
और भीतर ही भीतर
मैं भी गल जाता हूँ थोड़ा सा

पता नहीं, फिर लौटना होगा कि नहीं...

सुबह का फूल

रात बीत चुकी है लगभग
सुनाई दे रही है ब्रह्ममुहूर्त की पदचाप

झर रही है शीतलता
तारों की देह से झर झर झर
बुझ रहा है भीतर पसरा जहर

यह मलय समीर है शायद
जो हल्के से छू कर गयी है
अभी बिल्कुल अभी मेरी त्वचा को

एक ताजगी सी उभर आयी है
मन-मष्तिष्क में

कोई उजली हँसी
खनखना गयी है कानों में
संगीत घोलती हुई

लगता है
अब खिलने को है सुबह का फूल
प्रात:कमल

बस अब खिला कि तब खिला...

बहुत दिनों बाद

बहुत दिनों बाद
देख रहा हूँ पौ फटना

बहुत दिनों बाद
महसूस रहा हूँ
मन की धुन्ध का छँटना

सखि, छोटी नहीं,
बहुत बड़ी है यह घटना!

जीवन की धमक

अधरों को भा रहा है पानी
जिह्वा को नमक
नाकों को गमक

लौट रही है धीरे-धीरे
बूँद-बूँद रक्त की तरह
तन में जीवन की धमक...

साँस

एक रात और बीती
कुछ साँसें फिर जीतीं

टूटती है एक साँस जिस क्षण
लपककर थाम लेती है दूसरी उसे उसी बिन्दु पर

जैसे लौ से जुड़ जाती है
न दिखती दूसरी लौ...

डूबना

उतरते अक्टूबर की इस साँझ
तुम दरवाजे के पास से निहारती हो मुझे अपलक
जैसे पहले कभी न देखा हो इस तरह

बिजली सी उभरती है
फेफड़ों में कहीं
थिर जाती है खाँसी

बहुत दिन बीते
होंठों ने महसूस नहीं किया तुम्हारे अधरों का भाप
लगता है ज़रूर किया होगा मैंने कोई पाप

मैं इस क्षण डूबना चाहता हूँ
तुम्हारे नैनों की नदी में
पर डूब नहीं सकता

अनुमति नहीं पास आने की

पर मैं महसूस कर रहा हूँ डूबना
अपने आधे-अधूरेपन के साथ...

जल चन्द्रमा का

रात के दो बज चुके हैं
इस समय नींद का आवेग सबसे अधिक होता है
किंचित मधुर भी
नींद में गूँजता है कोई आदिम संगीत
होंठों पर आ जाती है हँसी भी अनायास

पर जगा हूँ मैं
जबकि चाहता नहीं इस तरह जागना

कितनी तो बीत गयी उम्र
न जाने क्या-क्या करते हुए!

भटका भी बहुत रातों में
बेतरतीब आवारा कभी-कभी भूखा भी
पर इस तरह एकटक ताकता कभी न मिला था चन्द्रमा
जैसे आज ताक रहा है खिड़की से किसी सनातन प्रेमी की तरह

वह न जाने क्या देख रहा है मुझमें
अब तक तो मैं ही निहारता था उसे
चकोर की तरह

वैसे वह अब भी है पहले जितना ही सुन्दर उतना ही शीतल
इस समय टूट रहा है कुछ जुड़ रहा है कुछ
मेरी आँखों में उतर रहा है उसका जल...

प्राण

जब पहली बार देखा था तुम्हें
बस आँखें देखी थीं तुम्हारी
सपनों से भरी चपल बोलती हुई

कितनी दुबली तो थी तुम
बिल्कुल आज की तरह ही
हवा के झोंके की तरह
पर मुझे बस सुनाई दी थी खनकती हँसी

तुम बदली ही नहीं कभी
मुझमें समाई तो प्राण बन गयी मेरी

मुझे वो हरा परिधान याद है अब तक
उसका टटका-सा रंग
कभी छिटका ही नहीं मेरे मन ओसारे से

लगभग सौ वर्ष पुराने
सेंट एंड्रूज कॉलेज के उस भव्य विशाल चर्च की छाया में
तुमसे अधिक पवित्र कुछ भी न था उस पल
अब भी नहीं होगा
मुझे यकीन है...

प्रेम वीणा

यह सुबह तीन से पाँच बजे तक का समय
थोड़ा मुश्किल है इन दिनों

तेज खाँसी उभरती है
टूटती है साँस

पर मैंने एक नयी तरकीब निकाल ली है
मैं सोचने लगता हूँ
अपने प्रेम के आरम्भिक दिनों के बारे में
और होंठ मुस्कुराने लगते हैं मेरे
साँसों में समा जाती है वीणा की ध्वनि
कोई पवित्र संगीत निर्झर की तरह झरने लगता है
किसी अदेखे हिमखण्ड से

इससे अधिक पावन कोई बरखा
न मैंने देखी है आज तक
न की है महसूस

उन्हीं पलों में
तुम लहराती हुई आती हो
और घुल जाती हो मेरी पुतलियों में

मैं भींगता चला जाता हूँ
जीवन की धूप में...

भोर की मिट्टी

सुबह हो गयी
कोई चिड़िया बोली है
हरसिंगार की डाल से

रोशनी का एक सूत
हँसते लजाते चला आया है कमरे में

छू कर देखता हूँ उसे
वह किसी बिल्कुल नये सपने की तरह नम है
भोर की मिट्टी ज्यों...

काया कमनीय हवा की

हर दु:ख बीतता है
जैसे बीत जाती है कोई कठिन ऋतु
जैसे एक दिन उतर जाता है ज्वर
फिर सामान्य करते हुए देह को

धीरे-धीरे चली जाती है
देह में भर आई खरखराहट
कहीं उभरती है
किसी अदेखे छोर से एक मुस्कुराहट

मद्धिम पड़ जाता है दर्द का नगाड़ा
गुनगुना उठता है मन का हारमोनियम
उस अलस भोर में
अब तक न गाया गया कोई राग

खिड़की से धीरे-धीरे आती है दबे पाँव
किसी नवजात के तलुओं सी
मुलायम, पवित्र और उम्मीदों से भरी फूलों की ख़ुशबू

मैं देख पाता हूँ इस जीवन में पहली बार
काया कमनीय हवा की
जैसे प्रिया हो खड़ी मेरे काँधे पर रखे हुए हाथ
जैसे अमृत सा मिला है उसका साथ...

प्रार्थना

आज कितने दिनों बाद
तुम सोई हो निश्चिन्त

इस समय रूई के फाहों से भी हल्की है तुम्हारी साँस
सोये-सोये भी मुस्कुरा रही हैं तुम्हारी ये बड़री अँखियाँ

ज्वर मेरी देह से गया
और मन तुम्हारा हल्का हुआ
इस प्रमेय को कभी नहीं हल कर पायेगा कोई गणितज्ञ

अभी बहुत कुछ परे है
विज्ञान और गणित से

रुको, ओ मन! ज़रा रुको
इस पल एक ज़रूरी प्रार्थना कर लूँ मैं अविलम्ब

कहीं ईर्ष्या न कर बैठे मेरा भाग्य मुझी से!

स्वप्न झर रहे हैं नीड़ से

आत्मा से गहरा नहीं कोई समुद्र
पारदर्शी तो बिल्कुल नहीं

वह आत्मा ही है
जो विषाक्त रसायन को बदल देती है
जीवद्रव्य में

हे मन!
यह भोर है कार्तिक की
विदा बेला नहीं

महसूस करो इसे
यह औषधि है पी लो इसे

देखो, स्वप्न झर रहे हैं नीड़ से!

चेतना

मृत्यु की बातें सुनी थीं
देखा नहीं था उसे

पर एक रात
अपने सिरहाने बैठे देखा मैंने उसे
वह सहला रही थी मेरी बरौनियों को
बड़ी सर्द थीं उसकी उँगलियाँ
फिर किसी पल अचानक दहक उठी थीं वे

वहीं दूसरी ओर मैंने
जीवन को भी देखा उदास बैठे हुए
वह सहला रहा था मेरे तलुओं को
उस क्षण उसकी छुवन में चुभन सी थी
जैसे निकाल रहा हो कोई काँटा गहरे फँसा हुआ

उन दोनों के बीच देह थी मेरी
निर्निमेष ताकती बेटियाँ थीं मेरी
और तेजोमय सिन्दूर था
तुम्हारी माँग में किसी नक्षत्र की तरह दिपदिपाता हुआ

यह तस्वीर है उस पल की
पुतलियों के एलबम में सबसे ऊपर सबसे ताजी
इसमें कोई चित्रकारी नहीं है मेरी

मैं तो रंगहीन था उन क्षणों में
मेरा सारा रंग बोध बिला गया था मिट्टी के रंग में

धीरे-धीरे गुजरी वह रात
धीरे-धीरे खत्म हुई जीवन से मृत्यु की बात
धीरे-धीरे लौटी मेरी चेतना।

नरम धूप

धीरे-धीरे सहज हो रही हैं साँसें
धीरे-धीरे मन पसार रहा है पाँखें

धीरे-धीरे
मन ने धीर धरा है कुछ
धीरे-धीरे भावों ने शब्दों से कहा है कुछ

धीरे-धीरे नरम धूप लौटी है
मन के सिरहाने

धीरे-धीरे सूखने लगे हैं
मन की त्वचा पर उभर आये दाने

धीरे-धीरे लौटी है हँसी
बेटियों के अधर पर
धीरे-धीरे घर गुनगुना उठा है प्रिया संग।

सुबह का संगीत

नींद उचट गयी है
रोज ही उचट जाती है आधी रात के बाद

दवाओं का असर
अभी इस रूप में बाक़ी है

गला सूखता है बार-बार
छाती में उभर आता है भारीपन
बदलने लगता है साँसों का सुर

मैं शयन कक्ष से निकलकर
बैठ जाता हूँ अध्ययन कक्ष में
निहारता हूँ किताबों को
बुदबुदाता हूँ प्रार्थनाएँ
पढ़ता हूँ शमशेर की कविताएँ

रात कटती है धीरे-धीरे
उसमें नहीं होती नवजात की चपलता

घण्टों बाद पुतलियों के कानों में
बज उठता है सुबह का संगीत
थिर जाती है थकन
धीरे-धीरे जीवन में कम होने लगता है गद्य का दबाव।

ऋण

यह सोचना कि यह समय
सिर्फ़ निराशा का समय है
निराशा को मान लेना है समय से भारी
जबकि हम सब जानते हैं
'वक़्त की हर शै गुलाम'

मैंने भी महसूस किया इस अवधि में
कुछ ऐसे लोगों का औदात्य
जिनकी उम्र खप रही है दाल-रोटी के जुगाड़ में

मेरे लाख मना करने के बाद भी
वे बढ़कर आये आगे
और थाम लिया मेरा दुःख

यह जीवन ऋणी है अब उनका सदा-सदा के लिए...

आईना

लोग करते हैं फ़ोन
पूछते हैं हालचाल
करते हैं बातें मदद की
पर भीतर ही भीतर सोचते रहते हैं
कि कहीं सचमुच ही न माँग ले मदद यह आदमी

फ़ोन पर चल रहे संवाद से
कई बार चकित होता है फ़ोन भी
शायद सोचता होगा
दुनिया के मेले झमेले के बारे में

यहाँ जो है वह कभी नहीं दिखता
और जो दिखता है
वह सत्याभास भी नहीं होता

सचमुच कोरोना आईना है
मध्यवर्गीय उच्चवर्गीय जीवन की विडम्बनाओं का...

अगर मगर से आगे

अकेले का विलाप
अन्ततः रह जाता है अकेले का

समूह का शोर
अन्ततः रह जाता है शोर

जो खड़े नहीं हो सकते किसी के साथ पाँच मिनट
सहानुभूति और क्रान्ति का मानसरोवर बने फिर रहे हैं

कोरोना व्यवसाय बन गया है कुछ लोगों के लिए
शब्दों का, जादूगरी का, मसखरी का

साधो, कठिन है डगर
बहुतेरे हैं अगर मगर
फिर भी राह तो निकालनी होगी
अकेलेपन और शोर के बीच से
कोई न कोई
अधिक साफ़...पारदर्शी...तरल
जिसमे न हो स्वार्थ का गरल
हो जो अधिक मनुष्यतर...

हर रात की कोख में एक सुबह ज़रूर होती है

रातें लम्बी हो सकती हैं
बहुत बहुत-बहुत लम्बी

हो सकती हैं हिमालय से भारी
किसी हिमनद से अधिक ठण्डी
हाड़ का संगीत बजाती हुई
फेफड़ों का रोम-रोम कँपाती हुई

सम्भव है
किसी रात में हो अदेखे ज्वालामुखी से अधिक ताप
जब मुँह से निकल रहा हो लगातार भाप
जब जीवन में दिख रहा हो शाप
तब भी न घबरायें आप

हर रात की कोख में एक सुबह ज़रूर होती है
अन्ततः रातें बीत जाती हैं...

□□□